SUR GRIN VOS CONNAISSANCES
SE FONT PAYER

- Nous publions vos devoirs
  et votre thèse de bachelor et master

- Votre propre eBook et livre –
  dans tous les magasins principaux du monde

- Gagnez sur chaque vente

Téléchargez maintentant sur www.GRIN.com
et publiez gratuitement

Tobias Keßler

Vivre la communion dans un contexte pluriel

**Conférence dans le cadre des Journées pastorales 2014 des paroisses
catholiques françaises**

GRIN Publishing

Bibliographic information published by the German National Library:

The German National Library lists this publication in the National Bibliography; detailed bibliographic data are available on the Internet at http://dnb.dnb.de .

This book is copyright material and must not be copied, reproduced, transferred, distributed, leased, licensed or publicly performed or used in any way except as specifically permitted in writing by the publishers, as allowed under the terms and conditions under which it was purchased or as strictly permitted by applicable copyright law. Any unauthorized distribution or use of this text may be a direct infringement of the author s and publisher s rights and those responsible may be liable in law accordingly.

Imprint:

Copyright © 2014 GRIN Verlag GmbH
Print and binding: Books on Demand GmbH, Norderstedt Germany
ISBN: 978-3-656-96655-5

This book at GRIN:

http://www.grin.com/fr/e-book/300022/vivre-la-communion-dans-un-contexte-pluriel

GRIN - Your knowledge has value

Since its foundation in 1998, GRIN has specialized in publishing academic texts by students, college teachers and other academics as e-book and printed book. The website www.grin.com is an ideal platform for presenting term papers, final papers, scientific essays, dissertations and specialist books.

Visit us on the internet:

http://www.grin.com/

http://www.facebook.com/grincom

http://www.twitter.com/grin_com

VIVRE LA COMMUNION
DANS UN CONTEXTE PLURIEL

Tobias Keßler

Conférence dans le cadre des
Journée pastorales 2014
des paroisses catholiques françaises

Hofheim, le 29 septembre 2014

Mesdames, Messieurs,

Je me réjouis de me trouver parmi vous ici aujourd'hui pour réfléchir ensemble sur la question suivante: Comment est-il possible, tant au sein des paroisses multiculturelles dans lesquelles vous agissez que dans leurs rapports avec les Eglises des différents pays d'accueil, de réussir à vivre concrétement l'expérience de la communion qui est un désir profondément chrétien? Il est dans la nature des choses, que je garde surtout en vue la situation en Allemagne qui m'est bien sûr familière. Il en sera d'autant plus intéressant de faire des comparaisons avec d'autres pays dans les échanges que nous aurons à l'issue de ma présentation et de pouvoir ainsi compléter la vue d'ensemble.

Permettez-moi de commencer par jeter un regard sociologique sur le contexte dans lequel l'Eglise doit relever le défi d'une communion grandissante. Cette perspective est utile pour mieux avoir devant les yeux le caractère délicat de la question que nous nous posons. De plus je voudrais pouvoir expliquer pourquoi le recours à la sémantique de l'«intégration» comme alternative à la communionn m'apparait problématique.

Dans un deuxième point je préciserai, en m'appuyant sur l'histoire de la tour de Babel, pourquoi il est important dans la recherche de l'unité de garder les rapports de force bien en vue lorsque l'on recherche l'unité. Ces réflexions nous conduirons à la conclusion que la communion, en fin de compte, ne peut pas être réalisée mais seulement préparée car elle reste continuellement soumise à l'action du Saint-Esprit.

En partant de ces débats j'essayerai, dans un troisième point, de constituer une sorte de guide qui a pour but d'affiner le regard pour les rapports relationnels difficiles au sein même des paroisses étrangères qui se pluralisent de l'intérieur – dans le sens d'une différenciation culturelle et sociale – ainsi que pour leurs rapports avec leurs Eglises d'accueil.

I.   La société et l'Église en mutation

En Allemagne, à l'époque de ce qu'on appelait «le recrutement des travailleurs étrangers», la pastorale des migrants était fortement marquée par l'engagement social à leur égard. Dans les missions, la pastorale s'adaptait en grande partie aux traditions et aux coutumes du pays d'origine des émigrés. Ce scénario, dû notamment à la conception de la migration comme un phénomène provisoire, a fait place à une nouvelle prise de conscience de la migration: elle commence à être comprise comme le résultat de rapports et d'interactions complexes. Si, il y a quelques années encore, on pouvait attribuer à l'Église l'idée que, en raison du recul de nouveaux flux migratoires, les paroisses traditionnelles de langue maternelle deviendraient de plus en plus superflues, la crise économique de 2008 et, en partie, ses graves conséquences, nous ont prouvé le contraire. Il est fondamental de prendre conscience que les flux migratoires peuvent varier au cours du temps en quantité comme en qualité mais qu'en soi le phénomène perdure. L'idée que la migration représente une constante structurelle de la société moderne exige un changement qualitatif de la pastorale qui concerne pareillement la pastorale des paroissiens et la pastorale des migrants.

I.I   La migration en tant que
constante structurelle de la société moderne

La théorie de la différenciation fonctionnelle de la société, développée notamment par

Talcott Parsons et qui trouve un large consensus dans le monde de la sociologie[1], identifie trois formes de société qui se distinguent par la nature de leur différenciation primaire: la société de différenciation segmentaire, la société de différenciation hiérarchique et stratificatoire ainsi que la société de différenciation fonctionnelle.

L'évolution sociale commence par des unités de même nature, fonctionnellement diffuses au sein d'une coexistence multiple (tribus, clans, familles). Les différences spécifiques en matière de réputation, d'influence, de propriété etc. conduisent à des différenciations liées au prestige, au statut, aux rôles et aux classes. La stratification constitue notamment un moteur pour la croissance de la productivité économique et de la profitabilité ainsi que pour l'effectivité politique. À la fin, l'évolution sociale atteint le niveau d'une différenciation fonctionnelle et d'une spécialisation. Ceci crée une complexité entièrement nouvelle d'unités inégales au sein de la société mais en même temps une majorité de fonctions d'importance égale – une observation qui apparaît pour la première fois avec Parsons.[2]

Il est primordial d'observer que dans la transition de la société d'ordres de différenciation stratificatoire dans laquelle les individus étaient intégrés, ou plutôt *inclus* – comme le langage de cette théorie l'exprime, en fonction de leur appartenance à un ordre, notamment à une corporation, ils étaient ensuite congédiés de cette appartenance pour être impliqués dans les différents sous-systèmes de la société de différenciation fonctionnelle (la politique, le droit, l'économie, le système de santé, le système éducatif, la religion) à l'aide de nouvelles formes d'*inclusion*[3].

À la différence des anciennes formes d'*inclusion* qui étaient définies par la naissance, les nouvelles formes d'appartenance sont fondées en général sur les performances bien spécifiques des individus[4]. Ceci concerne notamment l'appartenance, en tant que salarié, à des organisations modernes telles que des entreprises de toutes sortes[5]. La loyauté et l'efficacité opérationnelle ne sont plus garanties en premier lieu

---

[1]   Cf. Karl GABRIEL, 1999: Soziologie, dans: Herbert Haslinger (éd.): Handbuch Praktische Theologie [Manuel, Théologie pratique]. Vol. 1: Grundlegungen [Bases fondamentales], Mayence, p. 292–303, ici: p. 294–295.

[2]   Andreas ZIEMANN, 2009: Systemtheorie [Théorie des systèmes], dans: Georg Kneer, Markus Schroer (éd.): Handbuch Soziologische Theorien [Manuel, Théories sociologiques], Wiesbaden, p. 469–490, ici: p. 474 (le texte original comportait lui aussi le point d'exclamation!).

[3]   Cette *inclusion* est réalisée par des formes de communication spécifiques à chaque domaine comme le droit de vote, les lois, les cotisations, la présentation de diplômes, les contrats, la scolarité obligatoire, l'impôt ecclésiastique etc.

[4]   Au regard de la participation à la société et du statut social, l'approche de Hans-Joachim Hoffmann-Nowotny met en évidence que, outre les performances, le pouvoir aussi – dans le sens de capacité à s'imposer au delà des performances et du prestige – continue de jouer un rôle. Cf. à ce sujet la présentation synthétique d'Anette TREIBEL, 1999: Migration in modernen Gesellschaften. Soziale Folgen von Einwanderung, Gastarbeit und Flucht [La migration dans les sociétés modernes. Les conséquences sociales de la migration, du recrutement des travailleurs étrangers et de l'exil], 2ᵉ édition, Weinheim, p. 176–186.

[5]   Du point de vue de la théorie des systèmes, les organisations sont des systèmes sociaux qui se caractérisent par une adhésion formelle volontaire, à nouveau résiliable. Le succès de cette forme sociale est lié au fait que ces organisations, en raison de leur structure interne, ont une capacité de décision et – contrairement aux associations ou aux clubs – sont, en grande partie, indépendantes des différentes motivations personnelles de leurs membres. Cette indépendance est garantie par «l'échange d'un accord généralisé contre un moyen appelé ‹argent›, utilisable de manière généralisée – et indispensable pour vivre» (Veronika TACKE, 2010: Organisationssoziologie [La sociologie des organisations], dans: Georg Kneer, Markus Schroer (éd.): Handbuch spezielle Soziologien [Manuel, Sociologies spéciales], Wiesbaden, p. 341–359, ici: p. 349). Pour le rôle et

par la confiance accordée en raison des liens parentaux, corporatifs ou civiques. La contingence est maîtrisée[6] au contraire par la règlementation formelle des relations sous forme de paiements et de contrats, qui, en cas de non-respect, sont menacés de sanctions fixées au sein d'un système juridique.

Afin de poursuivre leurs objectifs propres à l'organisation, cette situation permet aux organisations modernes de s'abstenir, théoriquement, des nombreuses caractéristiques individuelles de leurs membres telles que la nationalité, la couleur de la peau, l'origine sociale ou encore leur credo politique et religieux. Ce phénomène appelé *universalisme inclusif* (chacun et chacune est le ou la bienvenu(e) si il ou elle remplit les conditions *d'inclusion* spécifiques au système)[7] concerne également les sous-systèmes fonctionnels de la société comme l'économie, la culture, la formation et l'éducation, le droit ou le système de santé et crée le fondement global des conditions pour la migration internationale, car, sous cet angle, les frontières entre les états n'ont plus d'importance. Dans ce contexte, la migration peut être définie comme «une forme de mobilité spatiale visant à donner des chances d'*inclusion*»[8]. Lorsque ces chances d'*inclusion* sont estimées plus élevées à l'étranger que dans son propre pays, tôt ou tard s'ensuivra une migration internationale. De cette façon, la migration devient une composante structurelle de la société moderne de différenciation fonctionnelle.

1.2　L'intégration: une orientation vers l'égalité ou une reproduction de l'inégalité?

Le domaine de la politique constitue une exception significative du principe d'universalisme inclusif théorique de la société moderne. Dans la société moderne, le principe de l'*inclusion* repose sur les performances. C'est pourquoi, indépendamment

---

le fonctionnement des organisations, cf. aussi Michael BOMMES, 2011b: Zur Bildung von Verteilungsordnungen in der funktional differenzierten Gesellschaft. Erläutert am Beispiel «ethnischer Ungleichheit» von Arbeitsmigranten [Sur la formation des systèmes de répartitiondans la société de différenciation fonctionnelle. Une explication à l'exemple de «l'inégalité ethnique» des travailleurs immigrés], dans: idem (éd.): Migration und Migrationsforschung in der modernen Gesellschaft. Eine Aufsatzsammlung [La migration et la recherche sur les migrations dans la société moderne. Un recueil de textes] (IMIS-Beiträge; Vol. 38), Bad Iburg, p. 73–100.

6　Cf. à ce sujet le phénomène défini comme une «double contingence» dans la théorie des systèmes de Luhmann. Ce terme désigne l'imprévisibilité du comportement social, liée au fait que les êtres humains représentent une sorte de *black box* les uns envers les autres (d'où la *duplication*). Dans certaines conditions, il ne s'agit pas de n'importe quelle réaction car certaines sont probables bien que non déterminées. Il en résulte une grande complexité et insécurité des relations – particulièrement dans un contexte «d'étrangeté» -, qui vraisemblablement fait de la communication une possibilité de réduction de la complexité. Certains moyens et formes de communication comme l'argent en tant que moyen de compensation généralisé des performances ont notamment fait leurs preuves sur la question de la maîtrise de la contingence (cf. Michael Bommes & Veronika Tacke, 2001: Arbeit als Inklusionsmedium moderner Organisationen. Eine differenzierungstheoretische Perspektive [Le travail comme moyen d'inclusion des organisations modernes. Une perspective théorique de la différenciation], dans: Veronika Tacke (éd.): Organisation und gesellschaftliche Differenzierung [Organisation et différenciation sociale] (Organisation und Gesellschaft), Wiesbaden, p. 61–83, ici: p. 75.

7　Cf. Michael BOMMES, 2011a: Migration in der modernen Gesellschaft [La migration dans la société moderne], dans: idem (éd.): Migration und Migrationsforschung in der modernen Gesellschaft. Eine Aufsatzsammlung (IMIS-Beiträge; Vol. 38), Bad Iburg, p. 53–72; BOMMES, 2011b, p. 78.

8　BOMMES, 2011a, p. 62.

de la migration, la course aux chances d'*inclusion* dans les systèmes sociaux fonctionnels mène à la concurrence entre les individus et par conséquent à des situations d'inégalité sociale et d'exclusion. Avec cette toile de fond et vu le problème de légitimation de la souveraineté politique[9] sur les citoyens, l'État-providence apparaît comme une instance sociale de compensation[10]. Autrement dit, la politique pilote les chances réelles de participation et s'oriente en même temps, du moins formellement, vers les valeurs modernes de liberté et d'égalité. Si elle néglige cet effort, elle sera non seulement punie par les électeurs mais aussi remise à sa place par le système judiciaire.

Les prestations sociales étant toutefois liées à des coûts élevés, l'État s'efforcera de limiter ces coûts, notamment dans le contexte de la migration. Le système politique à travers de l'État-providence deviendra ainsi un filtre pour les chances d'*inclusion* des migrants et une institution de privilèges pour les citoyens.

Contrairement à la Grande-Bretagne, par exemple, qui a une longue tradition fondée sur le *jus soli*, la politique allemande continue d'être fortement orientée vers le maintien d'une différenciation entre citoyens et migrants malgré de légers signes de changement. Lorsque, dans ce contexte, il est question d'«intégration» – et ainsi d'une intention d'égalité – il faut alors examiner rigoureusement si les faits correspondent à ce discours. En réalité, les décisions politiques sont souvent en contradiction avec les déclarations d'intentions politiques[11] en matière d'intégration. Ceci concerne notamment l'obtention de la nationalité allemande remise avec hésitation et sous de nombreuses conditions. La politique d'intégration du gouvernement fédéral court le risque de devenir une politique largement symbolique qui vise notamment à présenter les succès enregistrés dans le domaine de l'intégration comme le résultat d'une intervention politique et, à l'inverse, à attribuer les éventuels déficits à la supposée résistance à l'intégration des migrants eux-mêmes[12].

Ce qui a été mis en œuvre jusqu'à présent montre que la mondialisation du phénomène migratoire est structurellement ancrée dans la société moderne et par conséquent irréversible. Il s'agit là d'une pluralisation croissante de la société et de l'Église

---

9   «Le fait de devoir résoudre certains problèmes pour être en mesure de prendre et de maintenir collectivement des décisions fermes constitue un point commun entre les différents états. Citons à ce titre la prétention au droit à la souveraineté sur un territoire avec la population qui en fait partie, la population de l'état. Ceci implique [...] une dimension de loyauté et de performance» (Michael BOMMES, 2011: Nationale Paradigmen der Migrationsforschung [Les paradigmes nationaux de la recherche sur les migrations], dans: idem (éd.): Migration und Migrationsforschung in der modernen Gesellschaft. Eine Aufsatzsammlung (IMIS-Beiträge; Vol. 38), Bad Iburg, p. 15–52).

10 Cf. ibid., p. 23.

11 Ceci concerne notamment les restrictions en matière de regroupement familial et de regroupement des conjoints ainsi que la lenteur de la reconnaissance des qualifications professionnelles acquises à l'étranger. Cf., par ex. Karl-Heinz MEIER-BRAUN, 2010: Migration und Integration in Deutschland. Chronologie der Ereignisse und Debatten (Mai 2009 – Dezember 2010) [Migration et intégration en Allemagne. Chronologie des événements et débats (Mai 2009 – Décembre 2010], dans: Marianne Krüger-Potratz, Werner Schiffauer (éd.): Migrationsreport 2010. Fakten – Analysen – Perspektiven [État de la migration 2010. Faits – Analyses – Perspectives], Francfort-sur-le-Main, p. 271–357, ici: p. 233.

12 Cf. notamment Thomas KUNZ, 2006: Integrationskurse auf kommunaler und auf Bundesebene. Eine kritische Auseinandersetzung mit einem neuen Steuerungsinstrument am Beispiel der Stadt Frankfurt am Main [Cours d'intégration à l'échelle communale et fédérale. Une discussion critique avec un nouveau système de pilotage à l'image de la ville de Francfort-sur-le-Main], dans: Sigrid Baringhorst, Uwe Hunger, Karen Schönwälder (éd.): Politische Steuerung von Integrationsprozessen [Pilotage politique des processus d'intégration], Wiesbaden, p. 175–193.

sans précédent dans l'histoire[13]. Il est par conséquent important que la pastorale paroissiale dans les paroisses territoriales tout comme la pastorale des migrants des paroisses de langue maternelle s'adaptent à cette nouvelle situation.

Si, au sein de l'Église, nous avons également recours à la sémantique de l'intégration diffusée en politique, c'est-à-dire, si, nous aussi, nous parlons de la nécessité de l'intégration des migrants catholiques dans les paroisses territoriales de l'Église locale ou bien – dans le cas présent – de l'intégration des Africains dans les paroisses de langue française, nous importerons imperceptiblement la logique de la politique qui localise la dette liée à l'intégration principalement du côté des migrants. C'est pour cette raison que – en accord manifeste avec les responsables de la planification du contenu de ce congrès – je plaide en faveur de l'utilisation d'un vocabulaire théologique au sein de l'Église.

2.   Babel versus Pentecôte

Mon plaidoyer en faveur d'une terminologie théologique pour les accords ecclésiaux internes des relations entre citoyens et migrants est dû tout d'abord aux abords politiques ambivalents à la thématique de l'intégration. Une discussion plus approfondie à ce sujet illustre que les approches d'une église désireuse de rester fidèle à ses origines et à sa nature mène a une position diamétralement opposée à la logique de la politique. Cet état de fait nous apparaîtra plus clairement si nous comparons l'histoire de la construction de la tour de Babel (Gn 11,1–9) à l'évènement de la Pentecôte (Ac 2,1–11).[14]

Interprétation de l'histoire de la construction de la tour

Pendant longtemps l'intervention de Dieu dans l'histoire de la construction de la tour de Babel est considérée uniquement comme un châtiment à l'adresse de l'humanité dans sa totalité. Ce châtiment répond à la prétention des «bənê hāˀāḏām», c.à.d. des «enfants terrestres», à monter jusqu'aux cieux et, ainsi, jusqu'à la sphère de Dieu pour être l'égal du Tout-Puissant. Mais la question restait de savoir pourquoi Dieu justement, qui s'est révélé comme Un en trois Personnes et auquel l'unité de l'humanité tient tant à coeur (cf. en particulier Jn 17,21), châtie les hommes en semant la confusion dans leurs langages et les disperse sur toute la terre contrairement à leurs efforts d'unité.[15]

Cette contradiction apparente disparaît si on considère que dans la construction de la ville et de la tour il existait manifestement deux groupes: D'un côté les puissants qui ne reculent devant rien dans leur folie de grandeur pour assurer et élargir leur puissance. D'autre part les opprimés qui devaient travailler durement en esclaves pour

---

13   Les paroisses francophones, tout comme les paroisses anglophones, se caractérisent par une forte fluctuation d'une partie de ses fidèles et occupent ainsi une place particulière. Avec de nombreuses autres paroisses de langue natale, elles ont en commun le phénomène de la pluralisation sociale et culturelle interne.

14   Pour les détails concernant la construction de la tour de Babel je me réfère à mes travaux de licencié de théologie biblique non publiés cf. Tobias KESSLER, 1999: Il racconto della torre come chiave ermeneutica del fenomeno migratorio. Esegesi e lettura simbolica di Gen 11,1–9 [le récit de la tour comme clé hérmeneutique du phénomène migratoire. Exégèse et lecture symbolique de Gn 11,1–9] (Dissertazione di Licenza), Roma. Vu le temps limité il s'agit cependant d'une exposition simplifiée.

15   Cf. Gn 11,4: «Alors ils dirent: bâtissons une ville et une tour dont le sommet pénètre les cieux. Faisons-nous un nom et *alors nous ne serons pas dispersés sur toute la terre*».

ériger la ville et la tour. Ladite Pirqe de Rabbi Eliezer raconte que plus la tour montait, plus il devenait difficile de se procurer de nouvelles briques pour le sommet de la tour en vue de construire toujours plus haut. Si, dans ces entreprises, une tuile tombait et se brisait, les plaintes étaient grandes et tous se demandaient: où allons-nous prendre une nouvelle brique pour la remplacer? Mais si un ouvrier tombait de la tour et se tuait, personne ne s'inquiétait car il était facile de le remplacer.[16]

L'interprétation que je poursuis ici discerne dans la confusion des langues et la dispersion des hommes un sens théologique plus profond. Pour l'auteur biblique il ne s'agit pas de l'explication de la diversité des langues. La mention au Vers 1 de l'histoire de la construction de la tour de Babel selon laquelle tous les hommes possédaient la même langue et les mêmes mots indique déjà une idéologie qui confond l'unité et l'uniformité et légitime les propres prétentions de puissance sous prétexte d'unité. A partir de là l'intervention de Dieu apparaît sensément comme un acte de libération des opprimés. La diversité n'est donc pas la conséquence d'un châtiment de Dieu, mais la condition de base d'une unité ou communion selon la dimension et l'image de Dieu.

Babel, Pentecôte et la Cité de Dieu

Babel est la ville qui, de ses propres forces et aux dépens des pauvres, veut s'emparer du ciel pour se faire elle-même un nom. L'histoire du premier livre de la bible trouve son pendant dans l'Apocalypse de St. Jean, le dernier livre des écritures. Là il est parlé de la Jérusalem céleste, de la cité de Dieu qui descend du ciel (cf. Rv 21,2). Cette cité est bâtie par Dieu, elle accueille tous ceux qui restent fidèles au Nom du Seigneur (cf. Rv 3,8). C'est la Cité de la communion, l'unité de tous les peuples.

Le récit de l'évènement de la Pentecôte jette pour ainsi dire un pont entre la ville présomptueuse, orgueilleuse et non-rachetée et la Cité de Dieu dont la relation avec le Très-Haut s'exprime dans l'image des noces. L'évènement de la Pentecôte est ainsi la préfiguration de la communion entre Dieu et les hommes ainsi qu'entre les hommes eux-mêmes. Cette unité définitive ne peut être donnée que par Dieu et reçue de Lui. Toute tentative de l'édifier avec des moyens humains échoue dans l'idéologie et l'exercice du pouvoir.

Le bacille de Babel

Ces réflexions montrent clairement que Babel n'est nullement un épisode du passé, que Babel est la réalité de tous les temps. L'ambivalence de la politique d'intégration moderne porte en soi les traces de la logique babélienne de deux classes dont elle ne peut se délivrer d'elle-même.

L'Eglise n'est pas non plus immunisée contre ce bacille.[17] Dans l'église aussi

---

16 Cf. Byron L. SHERWIN, 1995: The Tower of Babel [la tour de Babel], dans: The Bibel Today, vol.33, p.104-109, ici: p. 109.

17 Cf. à ce sujet les articles précieux de Hans-Joachim Sander comme p.ex.: Hans-Joachim SANDER, 2001: Nicht verleugnen. Die befremdende Ohnmacht Jesu [Ne pas nier. L'impuissance déconcertante de Jesus] (Glaubensworte), Würzburg; Hans-Joachim SANDER, 2009: Ein Ortswechsel des Evangeliums – die Heterotopien der Zeichen der Zeit [Un changement de lieu de l'Evangile – les hétéropies des signes du temps], dans: Peter Hünermann, Bernd Jochen Hilberath (éd.): Die Dokumente des Zweiten Vatikanischen Konzils. Theologische Zusammenschau und Perspektiven [Les Documents du Concile Vatican II. Vue d'ensemble et perspectives théologiques] (Sonderausgabe) (Herders theologischer Kommentar zum Zweiten Vatikanischen Konzil; vol. 5), Freiburg, Basel, Wien, p.434-439.

nous courons constamment le danger d'abuser idéologiquement de la question justi-
fiée de l'unité pour faire pression sur une périphérie apparemment résistante à
l'intégration, au lieu de chercher avec patience à la gagner à la cause commune. Ce
qui est particulièrement révélateur dans le récit de la Pentecôte est ici le fait que ceux
remplis de l'Esprit ont eux-mêmes spontanément commencé à parler dans des langues
étrangères (cf. Ac 2,4). Ce n'est pas des étrangers de la diaspora juive qu'on attendait
qu'ils apportent les connaissances linguistiques nécessaires, bien au contraire, car
c'est de l'église locale que vint – en langage image – l'ouverture d'esprit! Cette dy-
namique est contraire à la logique de la politique, mais pour les contextes d'église elle
a une validité normative. Dans l'élaboration de l'unité la logique du pouvoir commence au centre et en fait la mesure de toute chose. La «logique de l'esprit», par
contre, élève la périphérie vers la norme déterminante et édifie la communion à partir
de la marginalité.

Cependant il est peu surprenant que cette vision divine se heurte aussi dans
l'église à de nombreux obstacles. Le jésuite Michel de Certeau écrit à ce sujet dans le
cadre d'un plaidoyer pour une théologie de la différence:

> Il faut être réaliste. L'Église est une société. Or toute société se définit par ce qu'elle ex-
> clut. Elle se constitue en se différenciant. Former un groupe, c'est créer des étrangers.
> [...] Cette loi est aussi un principe d'élimination et d'intolérance. Elle porte à dominer,
> au nom d'une vérité définie par le groupe. Pour se défendre de l'étranger, on l'absorbe
> ou on l'isole. [...] Parce qu'elle est aussi une société, quoique d'un genre spécial,
> l'Église est toujours tentée de contredire ce qu'elle affirme, de se défendre, d'obéir à
> cette loi qui exclut ou supprime des étrangers, d'identifier la vérité à ce qu'elle en dit, de
> dénombrer les «bons» d'après ses membres visibles, de ramener Dieu à n'être plus que
> la justification et «l'idole» d'un groupe existant.[18]

Et plus loin:

> Dieu reste l'inconnu, celui que nous ne connaissons pas, alors même que nous croyons
> en lui; il demeure l'étranger pour nous, dans l'épaisseur de l'expérience humaine et de
> nos relations. Mais il est aussi méconnu, celui que nous ne voulons pas reconnaître et
> qui, Jean le dit (Jn 1,11), n'est pas «reçu» chez lui, par les siens.[19]

Abolition des barrières comme condition de foi et agissement chrétiens

Ottmar Fuchs trouve des mots explicites similaires dans l'un de ses nombreux articles
sur la thématique de l'étranger avec le titre significatif «L'abolition des barrières avec
l'étranger comme condition de foi et agissement chrétiens».[20] Dans le concept
d'abolition des barrières, ce théologien pastoral de Tübingen identifie en quelque
sorte la loi fondamentale de l'agissement chrétien qui est ancrée irrévocablement dans
le principal commandement de l'amour du prochain et qui atteint sa plénitude dans

---

[18]   Michel de CERTEAU, 2005: L'étranger. Ou l'union dans la différence (Points. Essais; vol. 357),
        Paris, p. 14–15. Ottmar Fuchs fait la distinction à cet endroit entre la limite nécessaire de la foi
        dans le sens de la recherche personnelle d'une part et l'abolition diaconale universelle des bar-
        rières avec l'étranger d'autre part, sans laquelle le témoignage de l'Eglise perd toute crédibilité
        (cf. Ottmar FUCHS, 1988: Die Entgrenzung zum Fremden als Bedingung christlichen Glaubens
        und Handelns [l'abolition des barrières envers l'étranger comme condition de la foi et de
        l'agissement chrétiens], dans: idem (éd.): Die Fremden [Les étrangers], Düsseldorf, p. 240–301,
        ici: p.247 et 249.

[19]   CERTEAU, 2005, p. 14.

[20]   Cf. FUCHS, 1988.

l'amour de l'ennemi.[21] Tandis que l'Eglise voyait et voit dans un danger pour elle-même une limite possible de l'amour per se universel du prochain, Jésus lui-même n'accepte ici aussi aucun compromis.

> Le risque d'un danger pour soi-même est chez lui un élément intégral de ses relations secourables et libératrices avec les personnes concernées. Le risque repose ici particulière-ment sur le dépassement indispensable des barrières institutionnelles au nom de l'amour (...) Les détenteurs de pouvoir respectifs réagissent toujours mal à de tels dé-passements des barrières car ils profitent justement de ces barrières.[22]

Point n'est besoin de souligner spécialement que les barrières institutionnelles évo-quées ici se trouvent hier comme aujourd'hui non seulement dans la société, mais aussi à l'intérieur de la communauté religieuse – et ceci non pas seulement au niveau de l'église officielle classée hiérarchiquement, mais souvent aussi dans le secteur des commissions démocratiquement élues sur place. Il s'agit là de situations babéliennes non avouées où le pouvoir joue – souvent inconsciemment – un rôle central.[23]

D'un point-de-vue sociologique cet état de fait correspond au résultat escompté et ne mérite nullement qu'on s'y attarde. Du côté des pasteurs de migrants cette situa-tion pourtant suscite à juste titre des irritations car elle blesse durablement la percep-tion de l'idéal ecclésiologique d'une coopération paritaire dans une Eglise universellement fraternelle. Cette perception éprouvée encore et même à l'intérieur de l'église, fait des missionnaires des migrants les avocats de ces migrants considérés comme des baptisés de deuxième classe. Leur critique en vue d'un processus d'apprentissage de l'église locale orienté vers l'évangile est-elle bien accueillie ou, au contraire, rejetée, la réponse dépend de la question à savoir si, dans la vision de l'église locale, domine une perspective «politique» orientée vers un maintien structu-rel et de pouvoir ou une perspective ecclésiologique-pastorale qui reconnaît les mi-grants comme des soeurs et frères à part égale et les intègre tout naturellement comme tels dans les prises de décision de l'église.[24] L'église parvient-elle réellement à être signe et sacrament de l'unité de l'humanité? Cela dépend absolument de la capacité d'apprentissage de l'église locale dans la question de l'abolition des barrières avec l'étranger.

On ne peut pas nier ici que du côté aussi des migrants, il existe une certaine dette pour une coopération fructueuse et que la fuite éventuelle dans le rôle de victime cache en soi un potentiel de domination. Toutefois ces formes de retrait proviennent fréquem-ment de sentiments d'impuissance et traduisent ainsi déjà une réaction aux formes di-

---

21   Cf. ibid., p. 243–245.

22   Ibid., p. 244–245.

23   Informatrices à ce sujet sur la grande importance du pouvoir dans les constellations relationnelles entre les personnes bien implantées et les nouveaux arrivés sont les recherchés notamment de Norbert Elias, cf. surtout Norbert ELIAS § John L. SCOTSON, 2008: Etablierte und Außenseiter [Etablis et Marginaux] (traduction en Allemand de Michael Schröter) (Suhrkamp-Taschenbuch; vol. 1882), 5. Nachdruck der 1. Auflage, Frankfurt a.M.

24   La composition de l'église en Allemagne comme organisation moderne avec un degré élevé de professionalisme et un nombre extrêmement grand de collaborateurs rémunérés mène à un immo-bilisme et à une légalité propre qui aggravent d'une façon décisive une réorientation fondamentale de sorte qu'il y a lieu ici d'escompter tout au plus certaines modifications ou tentatives judi-ciaires. Le souci concernant la structure apparait clairement quand il s'agit de «garantir aussi pour l'avenir une praticité pastorale». Il s'agit là explicitement de la praticité de l'église en tant qu'organisation et non pas tant de la praticité de l'église en tant que peuple de Dieu.

verses et en partie très subtiles d'exclusion, de tutelle ou de non-perception. Pour une église locale où échoue durablement l'ouverture d'abolition des barrières, la présence de catholiques migrants devient une épine dans le pied parce qu'elle lui révèle ses propres insuffisances en regard des critères évangéliques et la pousse involontairement dans la défensive sur le plan théologique également.[25]

Le savoir est le pouvoir

Dans ce contexte il est intéressant de souligner le rôle que la formation et le professionnalisme peuvent jouer dans le cadre de cette relation. Le savoir est le pouvoir et c'est la raison pour laquelle il s'agit bien ici d'un aspect capital.

Déjà le simple fait de posséder la connaissance de la langue du pays d'accueil présente un énorme avantage en cas de conflit. Pour cela 2 citations d'un livre qui se confronte avec la question du rapport de la langue, du pouvoir et de la démocratie.

> La propre langue représente pour chaque individu personnellement une importance capitale, cependant cette importance ne lui est éventuellement pas reconnue en public. Il apparaît alors des rapports de force: Quelle valeur est alors apportée à la personne dans ce contexte? Suis-je moi-même en mesure – ou bien ais-je la possibilité – de me servir de ma langue, la langue maternelle a-t'elle une place? Cette langue est-elle reconnue comme une caractéristique importante de la personne?[26]

> Une coexistence souhaitable rend nécessaire que le pouvoir de définition en termes de minorités, langue maternelle et le traitement des problèmes relatifs ne reste pas entre les mains de la société majoritaire. Des tentatives, partant de bonnes intentions, qui imposent comment la relation doit être construite sont à la base même peu crédibles et ne sont à leur tour que l'expression même du pouvoir. En revanche ce n'est démocratique que là où tous les participants disposent d'un pouvoir de mettre en forme.[27]

En ce qui concerne le degré comparativement élevé de formation et de professionnalisme dans l'église en Allemagne la question se pose ici si cet avantage est utilisé dans une intention diaconale pour un rapprochement mutuel porté ensemble ou bien s'il dépérit – consciemment ou inconsciemment – comme un instrument moderne de maintien de pouvoir de la part d'une élite éclesiale.

De la propre valeur de l'étranger

Ottmar Fuchs souligne, comme déjà mentionné, qu'à la limite tracée de la foi dans la vie de l'église au nom de sa propre crédibilité doit constamment répondre une abolition des barrières diaconale paritaire.[28] En même temps il soutient une valeur propre de l'étranger indépendamment de son éventuelle dépendance.

---

[25] Honnêtement il convient d'indiquer ici qu'il s'agit sur le plan historique d'une nouvelle situation qui concerne avant tout les églises locales dans les régions centrales d'immigration et rend nécessaire le processus d'apprentissage évoqué. Vu d'un point-de-vue sociologique il faut, de plus, partir du fait que, dans une inversion des rôles entre les pays d'origine et les pays d'immigration, des constellations similaires se dessineraient au-delà de la particulière composition ecclésiale.

[26] ULRICH Susanne (éd.), 2006: Praxishandbuch sprache macht demokratie. Politische Bildung in der Einwanderungsgesellschaft [Manuel langue fait/pouvoir démocratie. Formation politique dans la société d'immigration], Schwalbach/Ts., p. 35.

[27] Ibid., p. 40.

[28] FUCHS, 1998, p. 249.

> L'étranger (…) représente en tant que tel et indépendamment de la catégorie de la souf-
> france une propre catégorie dans la mesure où tout ce qui est different dans son existence
> apporte une complémentarité importante et décisive de moi-même et de nous-mêmes à
> rechercher sur les plans du contenu et de la communication. [29]

La position de reconnaissance de l'altérité naît du savoir de la limite de la propre perspective.[30] Sur cet arrière-plan justement la recherche hâtive et l'accentuation des points communs à propos de la diversité interculturelle semblent suspectes, celle-ci impliquant indirectement une dévalorisation des différences. Le respect fondamental de la diversité ne signifie nullement l'approbation naïve de tout ce qui est étranger et n'exclut aucunement le droit d'immixion dans les cas d'injustice et d'oppression.[31] Le simple renoncement à l'étranger mène par contre à une stérilité spirituelle:

> Faut-il en conclure que la transcendance n'est plus qu'un horizon idéologique ou un
> monde imaginaire si elle ne devient pour nous le sens d'une surprise toujours créatrice,
> celle des différences? Oui, si on l'entend bien. Comme le disait Victor Segalen dans une
> optique voisine: «Il n'y a pas de mystère dans un monde homogène.» Certes, là où il n'y
> a pas union, la différence est inerte; elle n'est plus le ferment du sens. Mais l'union de-
> vient stérile et insignifiante si elle ne renaît plus de la différence qui la met en question.[32]

Ce que Ottmar Fuchs a formulé dans la citation ci-dessus au sujet de l'étranger en de-hors de l'église, doit avoir encore plus de valeur à l'intérieur de l'église car:

> Là où des chrétiens, déjà à l'intérieur de cette foi commune, n'apprennent pas – dans
> l'esprit de liberté qui donne vie aux carismes – à devenir ensemble avec leurs différen-
> ciations et leurs étrangetés capables de créer un consensus et de régler des conflits, alors
> chaque Autre ou étranger en dehors de leur communauté de foi fera d'autant plus peur et
> obtiendra d'autant moins la chance d'une relation diaconale paritaire.[33]

Sera-t-il possible et dans quelle mesure de faire place à l'autre dans son altérité? Cela dépend beaucoup de la question de la propre identité. Le renoncement (dans le sens de *kenosis,* cf. Ph 2,1–11) motivé par l'amour du prochain nécessite une substance qui, d'une certaine manière, peut être mise en jeu comme apport propre et qui, de cette fa-çon, se retrouve enrichie ou bien remodelée. Cette remarque montre que l'amour du prochain sans barrières ne peut s'improviser, mais doit s'acquérir, au contraire, peu à peu au prix d'efforts constants.

3. Le défi de la communion

En troisième lieu se pose la question suivante: comment appliquer les remarques pré-cédentes aux exigences qui s'imposent aux paroisses de langue étrangère en considé-ration de la communion *ad intra* et *ad extra* dans leurs relations avec les églises locales respectives. Les constellations concrètes différant beaucoup d'une paroisse à l'autre, nous n'apporterons pas ici des réponses précises, mais poserons plutôt des

---

[29]   Ibid., p. 257.

[30]   Cf. ibid., p. 263.

[31]   Cf. Ottmar FUCHS, 2000: Auf dem Weg zu einer lokal und global geschwisterlichen Kirche [Sur
       la voie d'une église fraternelle locale et globale], dans: Lebendiges Zeugnis, vol. 55, cahier 3, p.
       219–227, ici: p. 227.

[32]   CERTEAU, 2005, p. 187–188.

[33]   FUCHS, 1988, p. 254.

questions concernant la propre sensibilisation. La distinction entre les deux aspects respectifs *ad intra* et *ad extra* est liée au changement du rôle des représentants de la paroisse qui en résulte.

3.1 La communion des paroisses de langue étrangère *ad intra*

Comme la société en général les paroisses de langue étrangère sont marquées par une pluralisation interne progressive dûe à la diversité intergénérationelle et à la pluralisation culturelle et sociale. La composition des missions en tant que paroisses de langue étrangère mène – selon la langue – à la présence de groupes parfois très hétérogènes mais souvent «unis» extérieurement par l'histoire de la colonisation, d'où, déjà au sein de la paroisse, le défi de la communion ou de l'unité dans la diversité.

Ce qui a été dit précédemment montre que la communion – pour exister – doit être sans cesse guidée spirituellement. Elle ne naît pas comme un quelconque produit, mais grâce seulement à la culture de dispositions conformes. L'histoire de la construction de la Tour de Babel doit nous servir d'avertissement contre toute tendance de domination visant à abuser de l'aspiration vers l'unité comme idéologie pour conserver le propre pouvoir. Les principaux critères de l'authenticité d'un effort de communion sont la volonté d'abolition des barrières dans le sens d'une valorisation de l'étranger en tant que tel et d'une réalisation de la communion à partir de la périphérie – c'est-à-dire des membres les plus faibles.

Un premier point important qu'il est difficile d'influencer réside ici dans les origines ou dans la nationalité des collaborateurs titulaires. Le prêtre et ses assistants ou assistantes viennent-ils de France? S'agit-il d'une équipe interculturelle? Observe-t-on dans l'équipe un différentiel perceptible de pouvoir? Les mêmes questions se posent pour le conseil paroissial. Quels groupes y sont représentés? Dans quelle mesure les divers membres en maîtrisent-ils la langue commune? Comment sont prises les décisions pastorales et celles relatives à l'organisation? Comment pourrait-on prendre davantage en considération des minorités éventuelles?

Il convient tout d'abord de percevoir ces nuances sans leur donner aussitôt un caractère positif ou négatif. Ces facteurs sont pour la plupart des données de fait qu'on ne peut guère influencer, mais qui néanmoins influent sur la vie de la paroisse. La nationalité du prêtre, par exemple, peut conduire à le rendre à tort responsable de certaines tendances comme la priorité donnée à ses compatriotes qui, tout naturellement et sans son intervention, prennent une plus grande place dans la vie paroissiale, confirmant apparemment cette présomption.

Il s'ensuit d'autres questions tout aussi importantes sur la paroisse. Quels groupes s'y retrouvent-ils? Disposent-ils de l'espace nécessaire pour entretenir leur langue, leurs coutumes et leurs traditions? Observe-t-on des tendances de domination de certains groupes dans la communauté paroissiale? Quelles en sont les structures de pouvoir? Les relations y sont-elles fidèles à l'idéal chrétien où le plus puissant lave les pieds des autres?[34]

Comment fonctionne la coopération entre les «anciens colons» et les «anciens colonisés»? Ce thème est-il débattu ou ignoré? Les paroissiens bien implantés jouis-

---

[34] En effet, le pouvoir lui-même n'est pas le problème en étant tout d'abord une ressource. C'est pour ça que généralement il ne s'agit pas de dépouiller les puissants du pouvoir. Le problème se trouve dans un emploi du pouvoir qui est contraire aux enseignements de l'évangile.

sent-ils d'une position privilégiée dûe à leur implantation même s'ils ne constituent depuis longtemps qu'une minorité? Redoutent-ils implicitement de voir leur position faiblir? Comment agit-on devant une telle situation?

Comment s'efforce-t-on dans la paroisse de préparer les voies pour une communion croissante? Les différences sont-elles admises et appréciées ou préfère-t-on les points communs, les différences apparaissant indirectement comme des éléments perturbateurs? Ceux et celles qui dirigent la vie paroissiale s'efforcent-ils de réaliser la communion en «intégrant» les groupes périphériques dans une sorte de groupe de base central ou cherchent-ils plutôt à faire des membres les plus faibles en marge de la communauté les critères de la vie paroissiale?

A la suite de ces diverses questions la «logique» de la voie proposée devrait apparaître clairement, de sorte que leur nécessaire concrétisation pour le propre contexte ne devrait pas non plus poser de problèmes.

3.2 La communion des paroisses de langue étrangère avec l'église locale

Constatons tout d'abord comme il a déjà été dit: les paroisses de langue étrangère font déjà partie de l'église locale.[35] Il apparaît pourtant que la voie de la compétence pastorale et administrative vers un sentiment d'appartenance ou d'union peut être parfois longue et pleine d'embûches. Ma thèse, que mes considérations précédentes rendent claire, illustre que les rapports au sein de l'église entre citoyens locaux et migrants ainsi que leur perception les uns des autres sont politiquement structurés par la distinction faite entre citoyens et étrangers. Il est donc d'autant plus important de contrecarrer cette distinction au sein de l'église et de ne pas la renforcer par le recours aux catégories politiques d'«intégration», «ségrégation», «inclusion», «participation» etc.

Avocats et bâtisseurs de ponts

Les documents de l'église globale et de l'église locale partagent ce souci d'une communion croissante[36] entre l'église locale (diocèse, paroisses territoriales etc.) et les pa-

---

[35] La compétence de l'église locale pour la pastorale des migrants est partie de la décentralisation des compétences initiée par le concile Vatican II et qui, pour la pastorale des migrants, est établie dans l'Instruction «De pastorali migratorum cura», cf. PUSCHMANN Bernhard (éd.), 1971: Motuproprio sur la pastorale des itinérants. Instruction sur la pastorale parmi les itinérants. Motuproprio sur l'instauration de la commission papale pour la pastorale des itinérants et des touristes. Latin-allemand (Von den deutschen Bischöfen approbierte Übersetzung. Eingeleitet und kommentiert von Bernhard Puschmann [Traduction certifiée par les évêques allemands. Introduction et commentaire par Bernhard Puschmann]) (Nachkonziliare Dokumentation; vol. 24), Trier.

[36] La terminologie est très diversifiée, allant de «communauté» et de «ensemble» à «inculturation» (cf. surtout DEUTSCHE BISCHOFSKONFERENZ (éd.), 2003: Eine Kirche in vielen Sprachen und Völkern. Leitlinien für die Seelsorge an Katholiken anderer Muttersprache [Une église en beaucoup de peuples et langues. Directives pour la pastorale de catholiques de langue étrangère]; 13. mars 2003 (Arbeitshilfen; vol. 171), Bonn, et «Intégration» (cf. spécial DEUTSCHE BISCHOFSKONFERENZ [éd.], 2004: Integration fördern – Zusammenleben gestalten. Wort der deutschen Bischöfe zur Integration von Migranten [Encourager l'intégration – Configurer la vie commune. Paroles des évêques allemands sur l'intégration de migrants]; 22 septembre 2004 [Die deutschen Bischöfe; vol. 77], Bonn) jusqu'au terme préféré ici de «communion» (en particulier PÄPSTLICHER RAT DER SEELSORGE FÜR DIE MIGRANTEN UND MENSCHEN UNTERWEGS (éd.), 2004: Instruktion Erga migrantes caritas Christi (Die Liebe Christi zu den Migranten [L'amour du Christ pour les migrants]). 3. mai 2004, Bonn.

roisses de langue étrangère pour répondre à l'exigence ecclésiale formulée initialement dans *Lumen Gentium*[37] d'être «un signe et un instrument visibles de l'unité en vue d'une humanité renouvelée»[38]. Ainsi il devient clair que ni l'église et ni l'unité ecclésiale ne sont un but en soi. Elles ont plutôt une fonction prophétique. À l'inverse, devant l'écart de pouvoir réel – notamment si l'on considère l'histoire de la construction de la Tour de Babel – il faut agir avec la plus grande prudence pour éviter que l'idée d'unité ne devienne qu'une idéologie sacrifiant les intérêts des plus faibles structurellement. C'est pour ça que les documents ecclésiaux parlent de la nécessité d'un effort mutuel où l'église locale a aussi sa part de responsabilité.[39]

Aux pasteurs et collaborateurs titulaires des paroisses de langue maternelle revient plus que jamais le rôle de bâtisseurs de ponts.[40] Une telle définition des compétences de ces personnes implique d'un côté une nouvelle estime de leur capacités, mais en même temps, signale de plus grandes expectatives à leur égard. En plus, cette attribution pouvait avoir un effet apaisant en ce qui concerne toute critique déplaisante envers l'église locale au nom de la défense des migrants, paroissiens toujours faibles structurellement.[41]

La difficulté de ce double rôle (avocat *versus* bâtisseur de ponts) est bien souvent ignorée. La critique constructive de cet écart de pouvoir – inchangé depuis des décennies – est-elle acceptée comme un apport positif à l'édification de ponts? Inversement, comment peut exister une communion si les personnes concernées ne sont pas libres d'aborder ouvertement les situations critiques ressenties comme telles? La contribution des paroisses de langue étrangère à une plus grande communion avec l'église locale ne peut consister à ignorer les obstacles réels et à renoncer trop vite au rôle d'avocat. Les problèmes doivent être abordés ouvertement même si cela semble ralentir la marche vers la communion. Il est vraiment important de prendre au sérieux le rôle de bâtisseur de ponts sollicité de l'extérieur. Ce rôle, par ailleurs, ne peut avoir de sens que si les questions cruciales ne sont pas écartées.

Disposition à l'autocritique

La disposition à l'autocritique que les paroisses de langue étrangère espèrent de l'église locale doit, bien entendu, être mise aussi à l'épreuve au sein même de ces paroisses de langue étrangère. Ici se pose la question de savoir si et dans quelle mesure les missions profitent le cas échéant d'une sorte de rôle de victime ou si elles tentent

---

[37] Cf. LG 1 = RAHNER Karl, VORGRIMLER Herbert (éd.), 2008: Kleines Konzilskompendium [Petit abrégé conciliaire], 35. Auflage des Gesamtwerkes, Freiburg i.Br.; Basel [etc.].

[38] PÄPSTLICHER RAT DER SEELSORGE FÜR DIE MIGRANTEN UND MENSCHEN UNTERWEGS, 2004, no. 89.

[39] Cf. DEUTSCHE BISCHOFSKONFERENZ 2003, p.34.

[40] Cf. DEUTSCHE BISCHOFSKONFERENZ 2004, p. 47.

[41] Cette position de faiblesse est particulièrement illustrée par le caractère fondamentalement provisoire des missions ainsi que par le statut permanent d'hôte qui est celui des paroisses de langue étrangère dans leur fusion avec les paroisses territoriales. Le modèle de la diocèse de Rottenburg-Stuttgart semble, par ailleurs, suivre une autre voie plus prometteuse, cf. BISCHÖFLICHES ORDINARIAT DER DIÖZESE ROTTENBURG-STUTTGART (éd.) 2008: Rechtsordnungen. Richtlinien für die Pastoral mit Katholiken anderer Muttersprache in den Seelsorgeeinheiten der Diözese Rottenburg-Stuttgart [ordres juridiques. Directives pour la pastorale avec les catholiques de langue étrangère dans les unités pastorales du diocèse de Rottenburg-Stuttgart] (Gemeinden: vol.3) Rottenburg.

plutôt – p.ex. – de compenser cet handicap structurel dans la société et l'église par un mythe de supériorité dans la foi et la religiosité.

Plus spécialement, en considération de ceux qui succèdent à la première génération de migrants, la direction paroissiale doit s'interroger sur l'image qu'elle donne et transmet de l'église locale. Est-ce une image qui aide les jeunes à se sentir aussi chez eux dans cette église ou n'y a-t-il pas plutôt débat sur les différences pour renforcer la propre identité et la conservation des traditions? D'où découle la question pour la paroisse: Comment s'ouvrir à l'«être autre» de ces jeunes aux diverses cultures sans leur imposer cette douloureuse alternative de l'un ou l'autre.

J'étais un étranger et vous m'avez accueilli

«J'étais un étranger et vous m'avez accueilli». Cette citation de Mt 25 est souvent reprise par les délégués des paroisses de langue étrangère à l'adresse de l'église locale pour encourager une rencontre d'égal à égal en s'appuyant sur ces paroles de l'évangile. On oublie souvent ici que cette citation vaut aussi en sens inverse, c.à.d. que pour les migrants, les autochtones sont les étrangers chez lesquels ils découvrent Jésus et qu'ils doivent accueillir.

Que le point de départ ne soit nullement paritaire entre les catholiques locaux et migrants a déjà été dit. Cependant ceci ne dispense pas les migrants de leur mission de chrétiens baptisés. Les ponts se bâtissent de deux côtés et cela ne peut réussir que dans une estime mutuelle. En d'autres termes il importe de prendre au sérieux les difficultés de l'église locale et d'engager un dialogue conforme. Il fait aussi partie des tâches des dirigeants des paroisses de langue étrangère inviter les paroissiens à en prendre conscience.

Conclusion

Le catalogue des questions exposées ainsi que les propositions avancées n'épuisent nullement les défis complexes qui se présentent en vue de se préparer à une communion aidée par l'Esprit, mais ils indiquent plutôt une direction et rendent conscient de ce qu'il s'agit sur ce sujet non pas d'un état à obtenir mais bien plutôt, et surtout, d'un chemin que migrants et autochtones ne peuvent que faire ensemble.

Merci beaucoup de votre attention!

Bibliographie

BOMMES, Michael & TACKE, Veronika, 2001: Arbeit als Inklusionsmedium moderner Organisationen. Eine differenzierungstheoretische Perspektive, dans: Veronika Tacke (éd.): Organisation und gesellschaftliche Differenzierung (Organisation und Gesellschaft), Wiesbaden, p. 61–83.

BOMMES, Michael, 2011: Nationale Paradigmen der Migrationsforschung, dans: idem: Migration und Migrationsforschung in der modernen Gesellschaft. Eine Aufsatzsammlung (IMIS-Beiträge; vol. 38), Bad Iburg, p. 15–52.

BOMMES, Michael, 2011a: Migration in der modernen Gesellschaft, dans: idem: Migration und Migrationsforschung in der modernen Gesellschaft. Eine Aufsatzsammlung (IMIS-Beiträge; vol. 38), Bad Iburg, p. 53–72.

BOMMES, Michael, 2011b: Zur Bildung von Verteilungsordnungen in der funktional differenzierten Gesellschaft. Erläutert am Beispiel «ethnischer Ungleichheit» von Arbeitsmigranten, dans: idem: Migration und Migrationsforschung in der modernen Gesellschaft. Eine Aufsatzsammlung (IMIS-Beiträge; vol. 38), Bad Iburg, p. 73–100.

CERTEAU, Michel de, 2005: L'étranger. Ou L'union dans la différence (Points. Essais; vol. 537), Paris.

ELIAS, Norbert & SCOTSON, John L., 2008: Etablierte und Außenseiter (Übersetzt von Michael Schröter) (Suhrkamp-Taschenbuch; vol. 1882), 5. Nachdruck der 1. Auflage, Frankfurt a.M.

FUCHS, Ottmar, 1988: Die Entgrenzung zum Fremden als Bedingung christlichen Glaubens und Handelns, dans: idem (éd.): Die Fremden, Düsseldorf, p. 240–301.

FUCHS, Ottmar, 2000: Auf dem Weg zu einer lokal und global geschwisterlichen Kirche, dans: Lebendiges Zeugnis, vol. 55, cahier 3, p. 219–227.

GABRIEL, Karl, 1999: Soziologie, dans: Herbert Haslinger (éd.): Handbuch Praktische Theologie. vol. 1: Grundlegungen, Mainz, p. 292–303.

KEßLER, Tobias, 1999: Il racconto della torre come chiave ermeneutica del fenomeno migratorio. Esegesi e lettura simbolica di Gen 11,1–9 (Dissertazione di Licenza). Pontificia Università Gregoriana, Roma.

KUNZ, Thomas, 2006: Integrationskurse auf kommunaler und auf Bundesebene. Eine kritische Auseinandersetzung mit einem neuen Steuerungsinstrument am Beispiel der Stadt Frankfurt am Main, dans: Sigrid Baringhorst, Uwe Hunger, Karen Schönwälder (éd.): Politische Steuerung von Integrationsprozessen, Wiesbaden, p. 175–193.

MEIER-BRAUN, Karl-Heinz, 2010: Migration und Integration in Deutschland. Chronologie der Ereignisse und Debatten (Mai 2009 – Dezember 2010), dans: Marianne Krüger-Potratz, Werner Schiffauer (éd.): Migrationsreport 2010. Fakten – Analysen – Perspektiven, Frankfurt a.M., p. 271–357.

PUSCHMANN Bernhard (éd.), 1971: Motuproprio über die Wandererseelsorge. Instruktion über die Seelsorge unter den Wandernden. Motuproprio über die Errichtung der Päpstlichen Kommission für Wanderer- und Touristenseelsorge. Lateinisch-Deutsch. (Von den deutschen Bischöfen approbierte Übersetzung. Eingeleitet und kommentiert von Bernhard Puschmann) (Nachkonziliare Dokumentation; vol. 24), Trier.

SANDER, Hans-Joachim, 2001: Nicht verleugnen. Die befremdende Ohnmacht Jesu (Glaubens Worte), Würzburg.

SANDER, Hans-Joachim, 2009: Ein Ortswechsel des Evangeliums – die Heterotopien der Zeichen der Zeit, in: Peter Hünermann, Bernd Jochen Hilberath (éd.): Die Dokumente des Zweiten Vatikanischen Konzils. Theologische Zusammenschau und Perspektiven. (Sonderausgabe) (Herders theologischer Kommentar zum Zweiten Vatikanischen Konzil; vol. 5), Freiburg, Basel, Wien, vol. 5, p. 434–439.

SHERWIN, Byron L., 1995: The Tower of Babel, dans: The Bible Today, vol. 33, p. 104–109.

TACKE, Veronika, 2010: Organisationssoziologie, dans: Georg Kneer, Markus Schroer (éd.): Handbuch spezielle Soziologien, Wiesbaden, p. 341–359.

TREIBEL, Annette, 1999: Migration in modernen Gesellschaften. Soziale Folgen von Einwanderung, Gastarbeit und Flucht, 2. Auflage, Weinheim.

ULRICH Susanne (éd.), 2006: Praxishandbuch sprache macht demokratie. Politische Bildung in der Einwanderungsgesellschaft, Schwalbach/Ts.

ZIEMANN, Andreas, 2009: Systemtheorie, dans: Georg Kneer, Markus Schroer (éd.): Handbuch Soziologische Theorien, Wiesbaden, p. 469–490. URL: http://www. springerlink.de/content/978-3-531-15231-8/contents/ [15.03.2011].

Documents de l'Église

BISCHÖFLICHES ORDINARIAT DER DIÖZESE ROTTENBURG-STUTTGART (éd.), 2008: Rechtsordnungen. Richtlinien für die Pastoral mit Katholiken anderer Muttersprache in den Seelsorgeeinheiten der Diözese Rottenburg-Stuttgart (Gemeinden; vol. 3), Rottenburg.

DEUTSCHE BISCHOFSKONFERENZ (éd.), 2003: Eine Kirche in vielen Sprachen und Völkern. Leitlinien für die Seelsorge an Katholiken anderer Muttersprache; 13. März 2003 (Arbeitshilfen; vol. 171), Bonn.

DEUTSCHE BISCHOFSKONFERENZ (éd.), 2004: Integration fördern – Zusammenleben gestalten. Wort der deutschen Bischöfe zur Integration von Migranten; 22. September 2004 (Die deutschen Bischöfe; vol. 77), Bonn.

PÄPSTLICHER RAT DER SEELSORGE FÜR DIE MIGRANTEN UND MENSCHEN UNTERWEGS (éd.), 2004: Instruktion Erga migrantes caritas Christi (Die Liebe Christi zu den Migranten). 3. Mai 2004, Bonn.

RAHNER Karl, VORGRIMLER Herbert (éd.), 2008: Kleines Konzilskompendium, 35. Auflage des Gesamtwerks, Freiburg i.Br.; Basel [etc.].